LA TIERRA

Copyright © 2024 Samuel John

¡Hola! Estas a punto de iniciar un increíble viaje para conocer nuestro planeta:

LA TIERRA

Descubrirás que este maravilloso lugar, al que llamamos hogar, está repleto de cosas fascinantes que estás a punto de conocer.

¿Cuándo y cómo se formó la Tierra?

La Tierra se formó hace unos 4.600 millones de años. Pero ¿cómo?

Lo hizo a partir de rocas y polvo que se juntaron en el espacio. Con el tiempo, se calentó tanto que se convirtió en una bola gigante de lava.

Luego, se enfrió y formó una superficie sólida donde aparecieron los océanos y montañas, y donde más tarde apareció la vida.

La Tierra es el tercer planeta más cercano
al Sol del Sistema Solar.

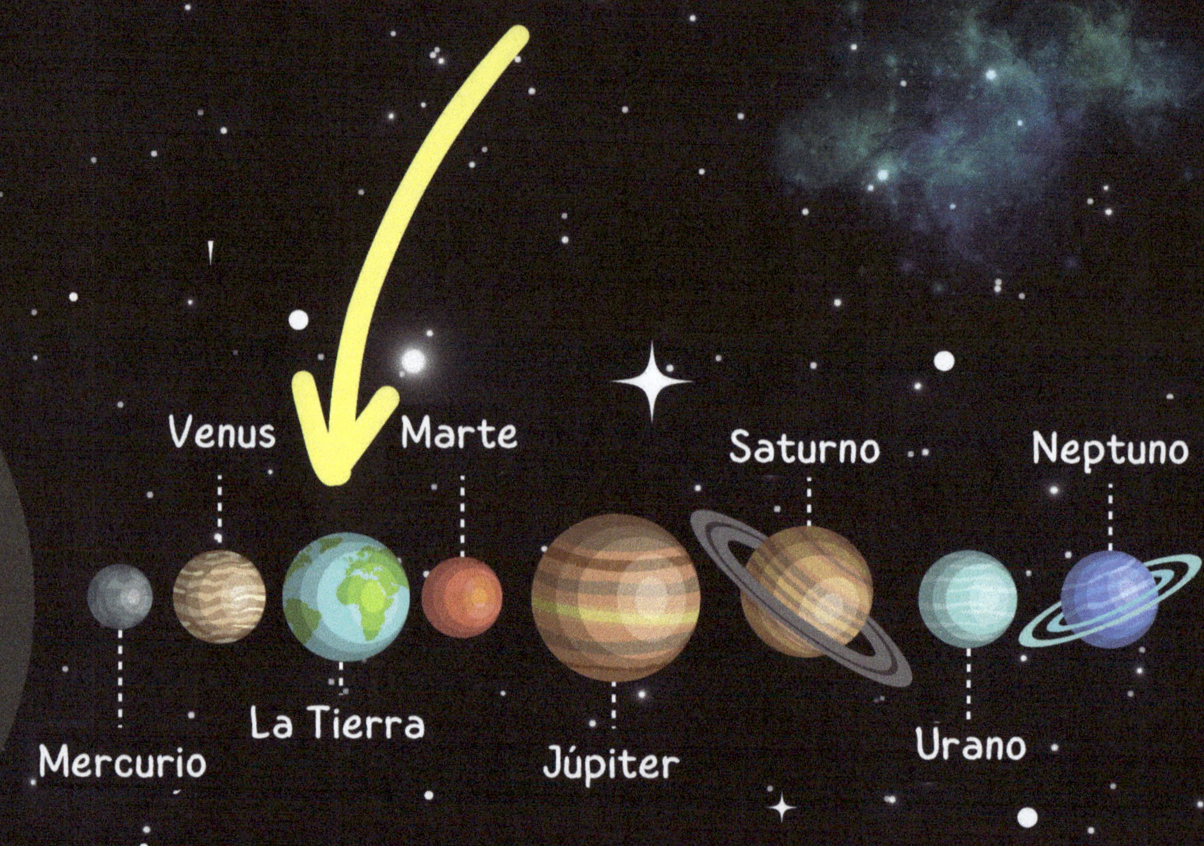

Es uno de los planetas rocosos, ya que está formado principalmente de rocas y minerales.

Desde el espacio, la Tierra se ve como una bola azul. Esto es porque está cubierta mayormente de agua.

Si pudiéramos cortar un pedacito de Tierra y mirar dentro, veríamos que está formada por tres grandes capas:

1. **Corteza:** La capa exterior, compuesta de suelo y rocas.

2. **Manto:** Una capa gruesa debajo de la corteza, donde las rocas se derriten debido al intenso calor.

3. **Núcleo:** El centro de la Tierra, compuesto principalmente de metales como hierro y níquel. ¡Está extremadamente caliente!

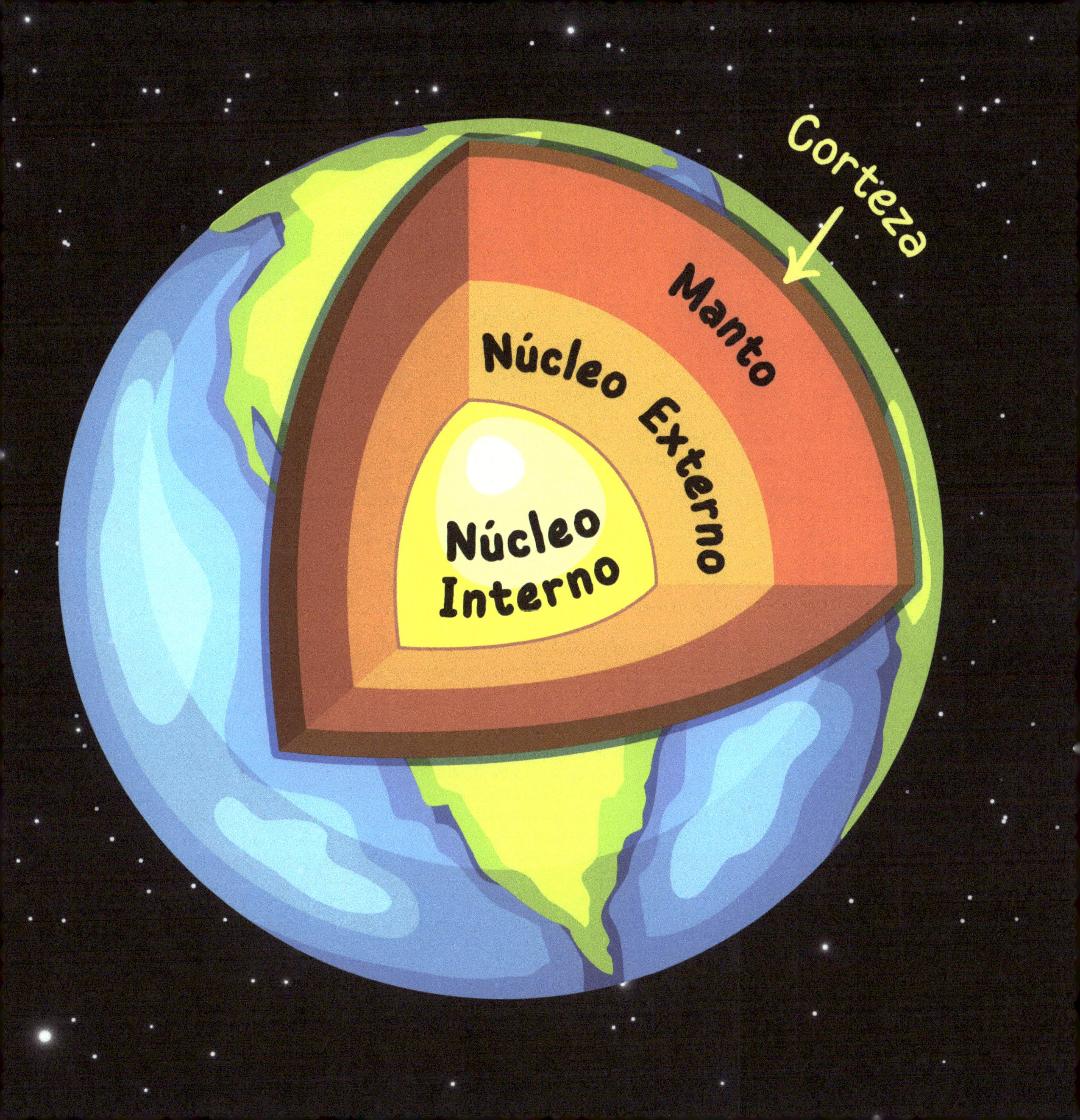

Corteza
Manto
Núcleo Externo
Núcleo Interno

Nuestro planeta tiene tres grandes partes que hacen que sea habitable:

1. **Geosfera:** Todas las rocas y tierras, desde las montañas hasta el fondo del mar.

2. **Hidrosfera:** Toda el agua, que cubre el 70% de la superficie. Esto incluye los océanos, ríos, lagos, y hasta el agua congelada en los polos.

3. **Atmósfera:** Una capa de gases que rodea todo el planeta. Nos protege y hace posible la vida.

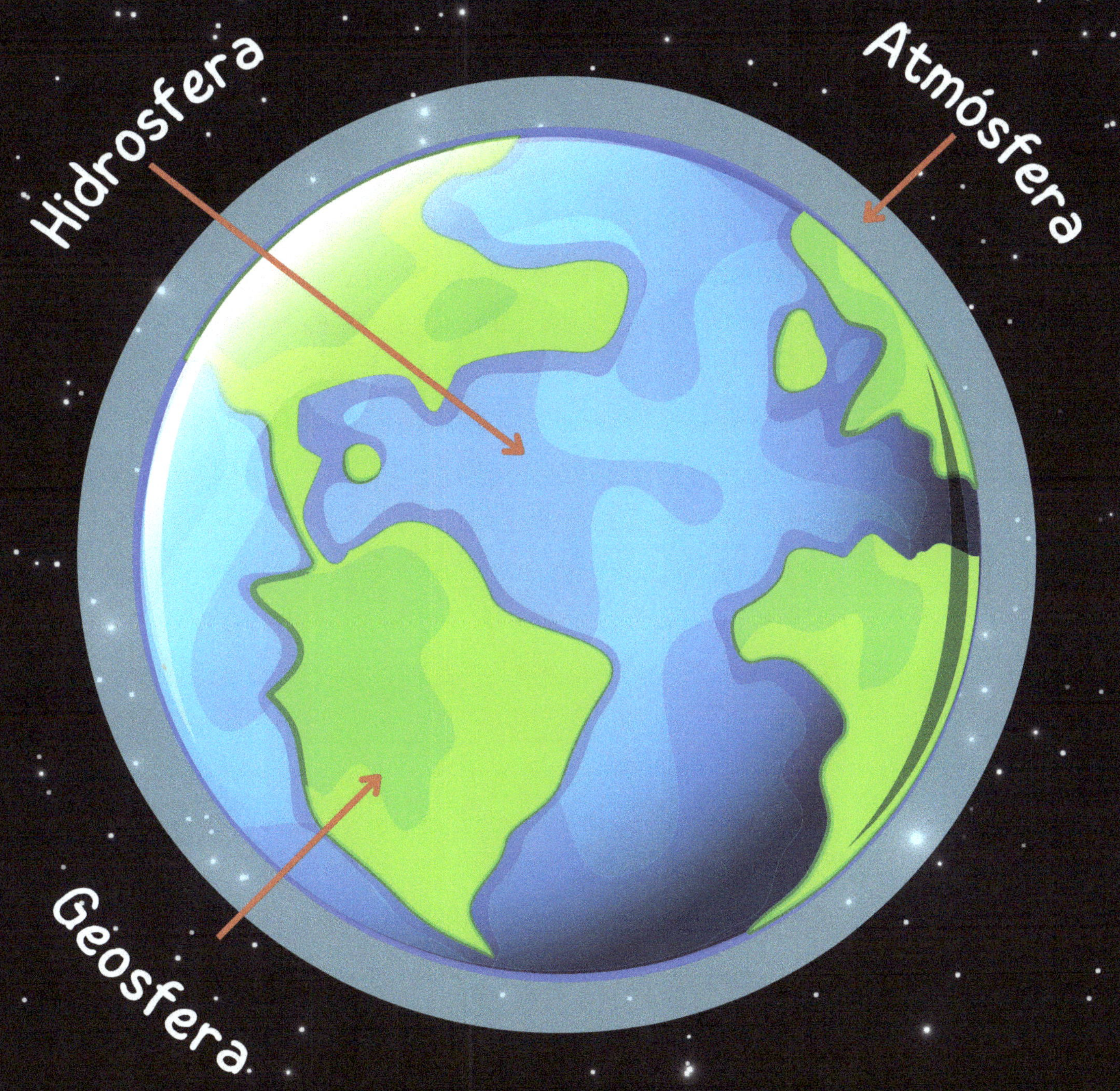

Hidrosfera
Atmósfera
Geosfera

Las 5 capas principales de la atmósfera

- **Troposfera:** Donde ocurren los fenómenos atmosféricos (lluvia, nubes, viento...) y donde vivimos nosotros.
- **Estratosfera:** Donde está la capa de ozono que nos protege del Sol.
- **Mesosfera:** Donde se desintegran los meteoritos.
- **Termosfera:** Donde ocurren las auroras boreales.
- **Exosfera:** La capa más externa, donde orbitan satélites y naves espaciales.

Exosfera
Termosfera
Mesosfera
Estratosfera
Troposfera

Como vimos anteriormente, la capa de ozono se encuentra en la estratosfera.

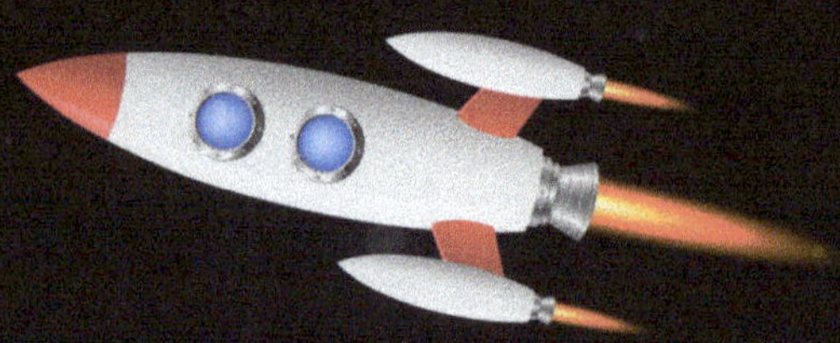

Funciona como una especie de escudo que nos protege de los rayos ultravioleta del Sol, que pueden causarnos problemas de salud, así como dañar los ecosistemas marinos y terrestres.

El movimiento de rotación de la Tierra

Nuestro planeta tiene dos movimientos muy importantes: rotación y traslación. Vamos a ver primero el de rotación.

En este movimiento, la Tierra gira sobre sí misma, como una peonza.

Tarda 24 horas en dar una vuelta completa, es decir, un día, y es el movimiento causante de que tengamos día y noche. Cuando un lado de la Tierra mira hacia el Sol, es de día. Cuando está en el lado contrario, es de noche.

El movimiento de traslación de la Tierra

En el movimiento de traslación, la Tierra gira alrededor del Sol.

Tarda 365 días en dar una vuelta completa al Sol, es decir, un año.

La traslación, junto con la inclinación del eje de la Tierra, hace que tengamos las estaciones: primavera, verano, otoño e invierno

Agua: La Tierra tiene mucha agua, y el agua es esencial para todos los seres vivos.

Aire: Tenemos una atmósfera con aire que podemos respirar. El oxígeno en el aire es crucial para que las plantas, los animales y los humanos podamos sobrevivir.

Temperatura: La temperatura de la Tierra es justo la adecuada. No es demasiado caliente ni demasiado fría, lo que permite que las plantas crezcan y los animales vivan cómodamente.

Sol: El Sol nos proporciona la luz y el calor necesarios. Las plantas utilizan la luz solar para nutrirse mediante un proceso llamado fotosíntesis.

Suelo: La Tierra tiene suelo fértil donde las plantas pueden crecer. Las plantas son importantes porque nos dan alimento y oxígeno.

Protección: La Tierra tiene una capa de ozono que nos protege de los rayos solares dañinos.

Cuidando nuestro planeta

El 22 de abril se celebra el Día Internacional de la Tierra para recordar la importancia de cuidar nuestro hogar.

Tú puedes ayudar a proteger el planeta Tierra: reciclando, ahorrando agua, usando transporte público y respetando a todos los seres vivos.

La Tierra es un maravilloso lugar y es nuestro deber protegerla. Cada pequeño gesto cuenta y nos ayuda a asegurar un futuro para todos los seres vivos que la llamamos hogar.

Espero que hayas disfrutado aprendiendo sobre la Tierra. ¡Cuida bien de nuestro planeta, porque es el único hogar que tenemos!

SOPA DE LETRAS

```
F Z S L D G H Z A I Z W M C M
H H T I M Z M M H W X H Y D G
Y U D T S T N E N F V N V S D
G K S O O F R S E A S N L T R
V O W I T T R O P O S F E R A
E T B O E V D S U I Z U C R Y
U Q H I R A L F E T X E O U
T L F G M Z V E R R Z F F R Z
C S P P O T F R G X S B C X W
E K Q E S T R A T O S F E R A
K J C Y F G E G X U K X N J D
C L Y P E Z H E G I W P Z D R
R S Q N R I C O E H H W G K V
V X F S A F W C V Q D I X W E
I O U D V P N O E W O L U Y V
```

___

TROPOSFERA   MESOSFERA   EXOSFERA

ESTRATOSFERA   TERMOSFERA

IDENTIFICA

NÚCLEO INTERNO
NÚCLEO EXTERNO
MANTO
CORTEZA

CRUCIGRAMA

Horizontal

[4] La capa de la atmósfera donde se encuentra la capa de ozono.
[5] Movimiento de la Tierra alrededor del Sol.
[6] Movimiento de la Tierra cuando gira sobre sí misma.

Vertical

[1] Cubre el 70% de la superficie terrestre.
[2] Rayos del Sol de los que nos protege la capa de ozono.
[3] La parte del planeta formada por rocas y tierras.

IDENTIFICA
GEOSFERA   HIDROSFERA
ATMÓSFERA

SOLUCIONES

Corteza
Manto
Núcleo Externo
Núcleo Interno

A
G
U
U
G ESTRATOSFERA
O L
S TRASLACION
F R
E A
R V
A I
O
L
E
ROTACION
A

Hidrosfera
Atmósfera
Geosfera

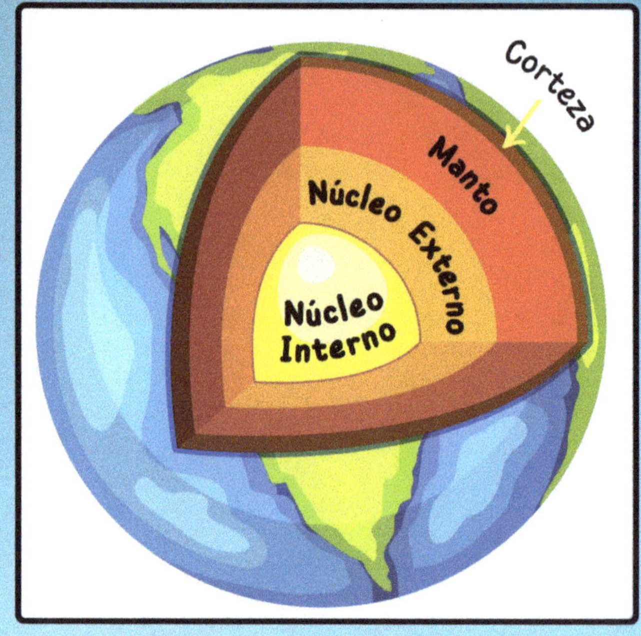

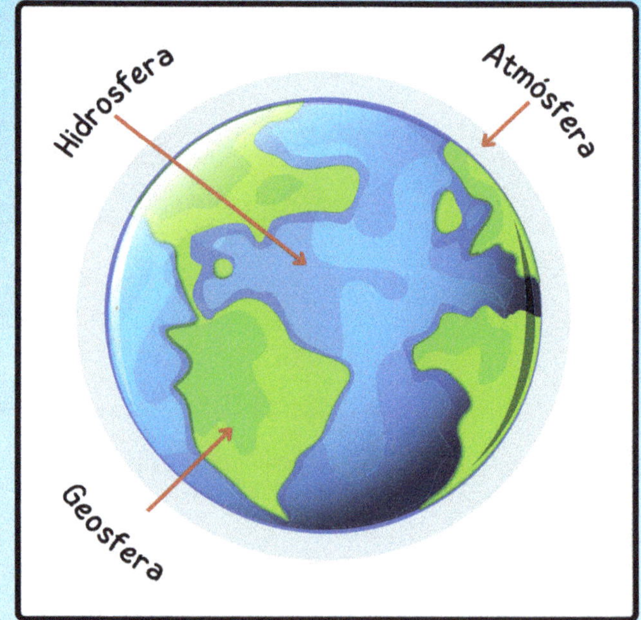

Este libro es el resultado de mucho trabajo, cariño y dedicación.

Quizás no lo sepas, pero soy autor independiente. Para crear cada uno de mis libros solo hay una persona: yo.

Yo realizo todo el proceso (documentación, diseño…). No hay detrás ninguna gran editorial, ni dispongo de ilustradores. Me encargo personalmente de todo, con mucho cariño e ilusión. Cada vez que publico un nuevo libro es casi como un nuevo hijo para mí

Por eso, te pido que si eres tan amable tengas en cuenta todo esto a la hora de dejar una honesta reseña en la plataforma donde hayas adquirido este libro. Eso me hará muy feliz, me motivará para seguir adelante y, lo más importante, aportará valiosa información para futuros lectores.

Te agradezco de corazón que dediques unos segundos de tu tiempo en aportar al mundo tu sincera opinión.

¡Hasta pronto!

APRENDE CON NUESTROS LIBROS INFANTILES EDUCATIVOS

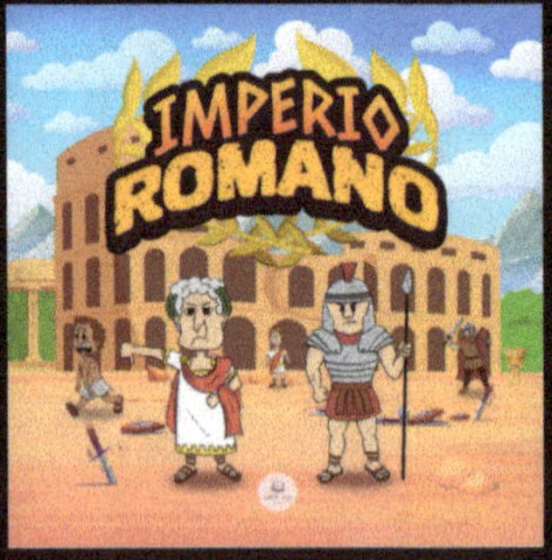

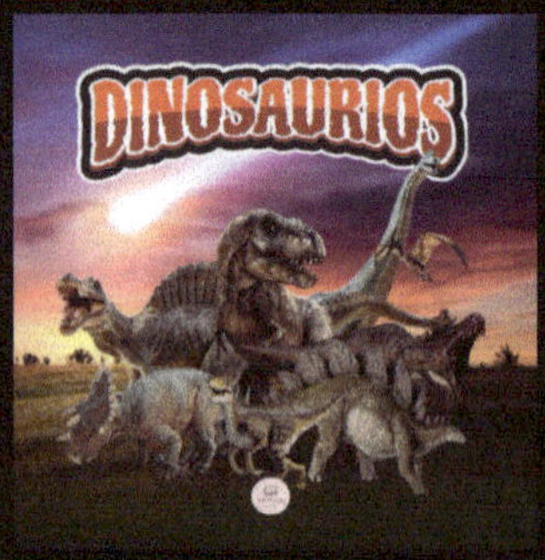

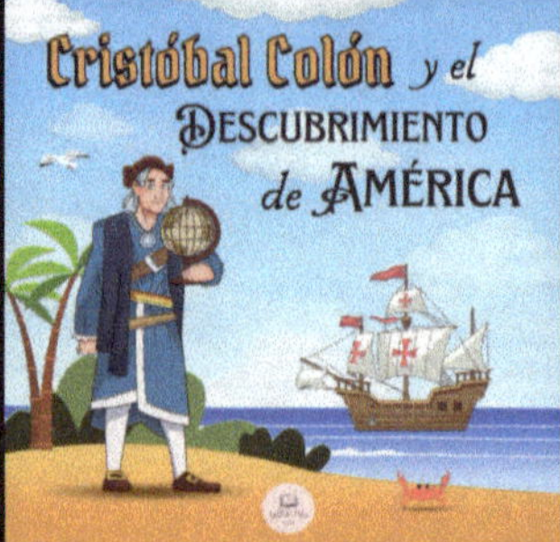

SAMMIE EXPLORA
el
SISTEMA SOLAR
3-6 años

SCAN ME

SAMMIE EXPLORA
El
ANTIGUO EGIPTO

SCAN ME

CÓMO PREVENIR EL
BULLYING

SCAN ME

La
LUNA
QUE JUGABA AL
ESCONDITE

SCAN ME

ASTRO
EL ASTEROIDE

SCAN ME

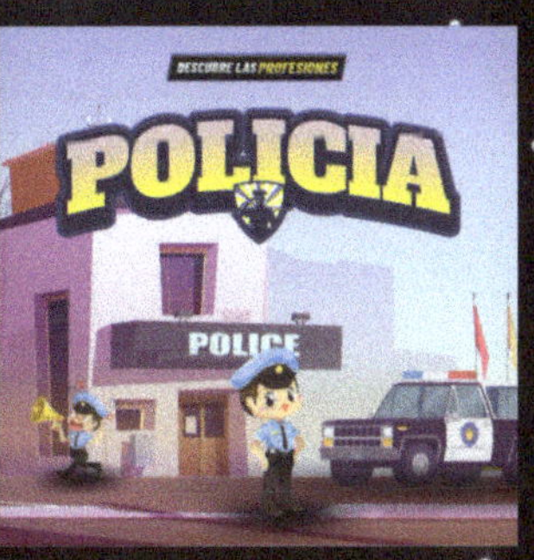

DESCUBRE LAS PROFESIONES
POLICIA
POLICE

SCAN ME

Soldadito
de Plomo

SCAN ME

APRENDE
a
COMPARTIR
con Shannon y Cam

SCAN ME

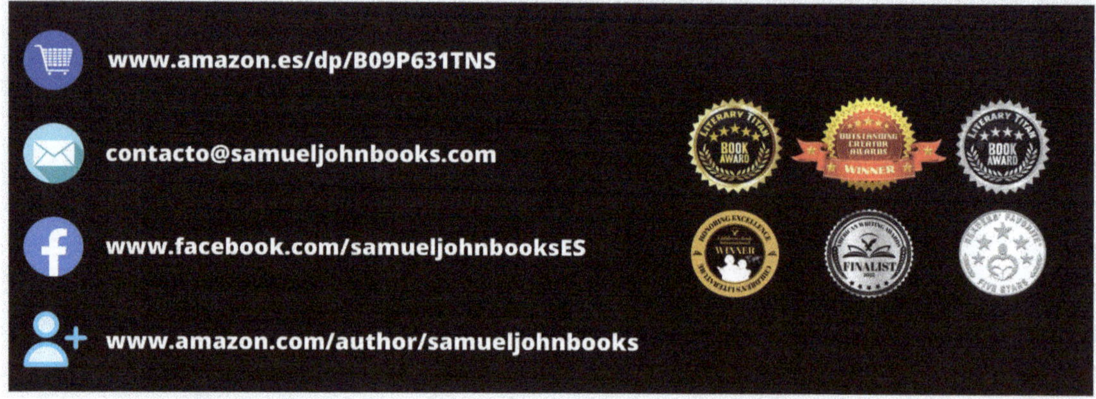

Este libro cobra vida con el audio descargable, perfecto para enriquecer la experiencia de lectura de los niños.

www.subscribepage.io/LaTierra

9 788412 891812